Ravensburger

Kochbuch für Kinder

Sybil Gräfin Schönfeldt

Von Dorothea Desmarowitz
so in Bilder übertragen,
daß jedes Kind danach kochen kann

Otto Maier Verlag Ravensburg

Das braucht ihr zum Kochen und Backen

Küchen ABC

A Abschrecken: frisch Gekochtes sehr kurz mit sehr kaltem Wasser überbrausen. Dann lassen sich zum Beispiel Kartoffeln oder Eier besser schälen.
Altbacken: Brot, Brötchen und Kuchen von mindestens gestern, so schön trocken, daß man sie leicht reiben kann.

B Backofen: Beim E-Ofen wird die Hitze in Grad angegeben, beim Gasofen in Stufen. Das läßt sich leicht umrechnen: eine Gas-Stufe sind immer 20° mehr, also: 160° = Stufe 1, 180° = Stufe 2, und so weiter.

C Chilipfeffer ist besonders scharf, ein Zuviel verdirbt dein ganzes Gericht. Deshalb Grundregel beim Würzen: Salz und Gewürze mit dem Teelöffel oder Messer aus dem Gefäß nehmen, dann erst zum Gericht geben.

D Durchschlag: Gekochten Reis und Nudeln auf Durchschlag (siehe Abbildung links) schütten und kurz abtropfen lassen. Abschrecken ist heute nicht mehr nötig, früher spülte man damit Mehl- und Schmutzreste ab.

E Experimentieren beim Kochen klappt (meistens), wenn du Zutaten mit gleicher Garzeit austauschst.
Eintopf zermust nicht, wenn du zuerst die Zutaten mit der längsten und dann nach und nach die mit den kürzeren Garzeiten in den Topf tust.

F Finger sind zum Essen da. Schneide Toast oder Mohrrüben so, daß man sie mit den Fingern essen kann.

G Garprobe: siehe Seite 26
Garen bedeutet, Lebensmittel gar bekommen, bezeichnet also alle Garmethoden vom Kochen bis zum Grillen.

H Hitze: muß beim Garen immer richtig eingestellt sein. Siehe »Backofen« und die Angaben, die du in der Gebrauchsanweisung eures Herdes findest.

J Joule und Kalorien sind Wärmeeinheiten, mit denen man den Brennwert der Nahrung bemißt. Laß dir eine Kalorien-Liste schenken!

K Kochen: Davon hängen auch Gesundheit, Schönheit, Schlankheit und Leistungskraft ab. Laß dir von der Deutschen Gesellschaft für Ernährung, Frankfurt/M, Feldbergstraße, Unterlagen über gesunde Ernährung schicken.

L Laß dich nicht beim Kochen stören! Telefon usw. ruhig läuten lassen! Falls doch etwas Wichtiges dazwischen kommt: Hitze klein stellen oder Topf (mit Milch, die gleich kochen wird!) oder Pfanne mit heißem Fett vom Herd nehmen.

M Mittelhitze brauchst du zum Garkochen, zum Ankochen aber starke Hitze. Nur auf der Automatikplatte stellst du gleich die Hitze ein, die du für dein Gericht brauchst.

N Naschen braucht niemand, wenn du richtig und abwechslungsreich kochst (siehe Kochen).

P Prise: 1 Prise ist das, was du zwischen Daumen und Zeigefinger fassen kannst.

R Rohkost ist gesund, weil Obst und rohes Gemüse besonders vitaminreich sind. Gut auch als Vorspeise für alle Schlankheitsbewußten, denn Rohkost füllt den Magen, so daß man nicht mehr so viel vom Hauptgericht essen muß.

S Sauce wird auch Soße geschrieben. In der feinen Küche ist die Sauce jedoch immer eine Sauce geblieben.

T Toast schmeckt viel kräftiger, wenn du Graubrot (Mischbrot) verwendest. So ist Toast auch nährstoff- und vitaminreicher.

Ü Überbacken heißt: etwas Gares bei starker Hitze (Grill oder Backofen, Höchsthitze, oberste Schiene) unter einer Haube aus Sauce oder Semmelbröseln kurz knusprig backen und damit schmackhafter zu machen. Gut für Resteverwertung.

V Vorheizen muß man den Backofen. Beim Gasherd geht das schnell, der Elektro-Backofen braucht etwa eine Viertelstunde. Beim Backen also zuerst alles zusammenholen, dann den Ofen vorheizen, dann den Kuchen rühren.

W Wasserbad: Darin kannst du zum Beispiel Reis warm halten. Im Wasserbad, also in einem großen Topf mit siedendem Wasser, gart man auch gern zarte Aufläufe und Kochpuddings, die der starken Ofenhitze nicht direkt ausgesetzt werden sollen.

Z Zerkochen und anbrennen muß nichts, wenn du mit einem Küchenwecker arbeitest, den du auf Minuten einstellen kannst.

Das müßt ihr vor und bei dem Kochen tun

Als erstes: wenn du in die Küche kommst

Hände waschen (keine Parfumseife!)

Schürze umbinden

Rezept gründlich lesen

Als zweites: wenn du mit dem Kochen anfangen willst

Zutaten holen,

abwiegen, abmessen,

Geräte zusammenstellen

Als drittes: wenn du beim Kochen bist

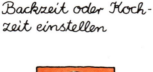

Backzeit oder Kochzeit einstellen

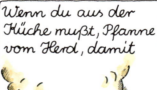

Wenn du aus der Küche mußt, Pfanne vom Herd, damit

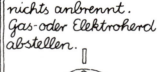

nichts anbrennt. Gas- oder Elektroherd abstellen.

Als viertes: was du beim Kochen erledigen kannst

Tischdecken,

Getränke zurechtstellen

Abwaschen nicht vergessen!

Kochen kann großen Spaß machen. Probiere zuerst einfache Rezepte aus, und du wirst merken, daß es gar nicht so schwierig ist. Dann aber wage dich an andere, dir unbekannte Rezepte, und du wirst sehen, daß dir auch diese gelingen. Übung macht den Meister, und schon bist du auf dem besten Weg zum Meisterkoch.

Das kann jeder:

Spaghetti mit Sauce
Reis im Topf
Eischwerkuchen
mit Rosinen
Gefüllter Orangenkuchen

Hacksauce
Du brauchst dazu:
2–3 Eßlöffel Margarine oder Öl
1 große Zwiebel
250 g gemischtes Hackfleisch
1 Eßlöffel Mehl
1 kleine Dose Tomatenmark
½ Brühwürfel
1 Messerspitze Pfeffer, 1 Prise Zucker
½ Teelöffel Majoran oder Oregano

In einer Kasserolle auf Mittelhitze das Fett heiß werden lassen. Unterdessen die Zwiebel schälen und würfeln (siehe Seite 6), in den Topf geben, umrühren, bis sie glasig ist. Hackfleisch auf einmal dazugeben, mit der Holzgabel auseinanderbrechen und wenden, bis es nirgendwo mehr rot ist. Mehl, Tomatenmark, zerbröselten Brühwürfel, Pfeffer, Zucker und Majoran dazugeben. (Achtung: Kraut zwischen den Fingerspitzen zerreiben, dann schmeckt es nach mehr!) Alles umrühren, 1 bis 2 Tassen heißes Wasser dazugießen und 10 Minuten leise kochen.

Reis im Topf

Du brauchst dazu:

- 1 Tasse Langkornreis
- 1 Brühwürfel
- 2 Tassen Wasser
- 3 Scheiben Magerspeck
- 4 Tomaten (oder 5 kleine)
- 250 g frische Champignons
- 2 Zwiebeln
- 10 grüne oder weiße Pfefferkörner
- 1 Teelöffel Majoran
- 1 Stückchen Kräuterbutter (o. Butter)

zurechtstellen:
- 1 Schmortopf mit Deckel (o. feuerfestes Glas)
- 1 Küchenmesser
- 1 Holzbrett
- 1 Tasse

 Speck in Streifen schneiden, dann in Würfel

 auf den Topfboden legen und andünsten

 Kleine Hitze Stufe 1

 Tomaten und Pilze waschen, abtropfen lassen

 Pilze auf Haushaltspapier legen und in Scheiben schneiden

 Zwiebeln in Würfel schneiden, wie unten ↓

 und in den Topf tun

 Tomatenstiele herauszupfen, in 8 Stücke teilen

 dann: Tomaten, Pilze, Pfeffer, Majoran, Reis

 dazu: Brühwürfel, Wasser

 Hitze etwas größer Stufe 2

 Aufkochen lassen – dann Deckel drauf, 20 Minuten

 Bei kleiner Hitze garen Stufe 1/2

 Deckel mit Topflappen abheben. Butter untermischen und servieren.

Zwiebeln würfeln

 Zipfel

① Zwiebel häuten, Zipfel dranlassen, Zwiebel halbieren
② Zwiebelhälfte bis an den Zipfel einschneiden, flache Seite unten
③ einmal querschneiden
④ am Zipfel halten und würfeln, den Rest extra zerschneiden.

Kräuter in der Hand zerreiben. Holzbretter saugen Saft auf – deshalb das Brett vor dem Zwiebel-, Kräuter- oder Tomatenschneiden unter kaltes, fließendes Wasser halten.

Reis nimmt beim Kochen Wasser auf und quillt. Das geht besser, wenn das Kochwasser noch kein Salz enthält. Deshalb Reis immer erst nach dem Kochen salzen. 1 Tasse Reis schluckt 2 Tassen Wasser.

Fleischbrühe geht ganz schnell, wenn ihr Wasser mit gekörnter Brühe oder Instant-Fleischbrühe verquirlt. 1 Teelöffel auf 1/4 l heißes Wasser.

Eischwerkuchen mit Rosinen

Du brauchst dazu:
- 5 Eier
- 250 g Mehl
- 250 g Zucker
- 250 g Margarine
- 100 g Rosinen
- 1 Prise Salz (+ Semmelbrösel)

Zurechtstellen:
- 1 Handrührgerät (Schneebesen)
- 1 Waage (Meßbecher)
- 1 hohe Rührschüssel
- 1 Teigschaber
- 1 Backpinsel
- 1 Backform

Eier einzeln aufschlagen → Seite 10

Zuerst das Mehl, dann Salz Margarine Zucker Eier

Mit dem Handrührgerät Stufe 2, dann Stufe 3 und bis der Teig hell cremig ist. etwa 3 Minuten

Backofen auf 180° (vorheizen)

Rosinen warm waschen und abtrocknen

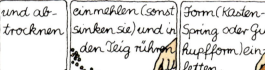
einmehlen (sonst sinken sie) und in den Teig rühren

Form (Kasten-Spring oder Gugl-hupfform) einfetten

Zur Sicherheit: 3 Eßlöffel Semmelbrösel in die Form geben und hin und her drehen, bis überall Brösel kleben. Der Kuchen läßt sich dann

gut stürzen. Teig mit Teigschaber einfüllen und glattstreichen mit der Gabel

In den Ofen (unterste Schiene) stellen. Nach

60 Minuten backen. Garprobe mit Stricknadel machen. Ist kein Teig dran?

Dann ist der Kuchen gar. Er kann abkühlen und gestürzt werden: Tortenplatte auf die Form legen

und umdrehen. Wenn der Kuchen nicht

herausrutscht, mit dem Messer nachhelfen. Er muß abgekühlt sein!

Eischwerkuchen: Alle Zutaten sind so schwer wie Eier. 1 Ei wiegt etwa 50 g. Wenn du also einen Puppenkuchen machen willst, so nimm 2 Eier und von allem anderen 2 × 50 g = 100 g. Für ein Blech voller Apfel- oder Zwetschgenkuchen braucht man 8 bis 9 Eier. (8 Eier / 400 g Zucker / 400 g Mehl / 400 g Fett)

Marmorkuchen: Teig wie oben. Halbieren, eine Hälfte in die Form füllen, die andere Hälfte mit 2 Eßlöffeln Kakao und 2 Eßlöffeln Milch vermischen und dann über die helle Hälfte füllen.

Gefüllter Orangenkuchen

Eischwerkuchen ohne Rosinen in einer Springform backen. Einen Zwirnsfaden dem Kuchen um die Taille legen (über Kreuz) und an den Fadenenden ziehen.

Mit einem ½ Glas Orangenmarmelade füllen und mit Orangen-Zuckerguß überziehen.

200 g Puderzucker mit 2 Eßlöffeln Orangensaft verrühren, über den kalten Kuchen gießen und schnell mit einem großen Messer verstreichen. Verzieren mit Zuckerfiguren oder ...

Allerlei aus Ei:

Wie frisch ist das Ei?
Jedes Ei hat an der runden Seite eine Luftblase. Je älter das Ei, desto mehr Luft dringt durch die poröse Schale, desto größer also die Kammer: Das Ei schwimmt!

Eierkuchen
Eischnee
Obsteierstich
Grüne Pfannkuchen
Rührei, Käsetoast

Eier kochen

Nimm pro Person ein frisches Ei, lege die Eier vorsichtig in einen großen Topf und laß so viel Wasser einlaufen, daß die Eier gerade bedeckt sind. Topf ohne Deckel auf den Herd stellen, bei starker Hitze zum Kochen bringen. Jetzt auf die Uhr schauen: Weiche Eier müssen noch 3–4 Minuten kochen, feste Eier kochen noch 5 Minuten, harte Eier 6–8 Minuten. Alle gekochten Eier werden abgeschreckt, damit sie sich gut aus der Schale lösen: Deckel auf den Kochtopf legen, mit dem Topflappen festhalten, und das heiße Wasser abgießen. Dann kaltes Wasser darüberlaufen lassen.

Eier trennen — Mit der stumpfen Messerseite einen Spalt schlagen. Über einem Gefäß vorsichtig auseinanderbrechen (Daumen an Daumen). Eigelb von einer Schale zur anderen kippen – bis alles Eiweiß herausgelaufen ist. Eigelb in ein zweites Gefäß tun.

Wie wird Eischnee fest?

1. Saubere Schüssel ohne Fettspuren verwenden.
2. Zuerst langsam, dann schnell schlagen (mit Handrührgerät: zuerst Stufe 1 oder 2, dann auf Höchststufe).
3. Ein paar Tropfen Zitronensaft oder Essig zum halbfesten Schnee geben. Säure läßt Eiweiß gerinnen und macht den Schnee fest.
4. Zucker nur löffelweise dazugeben, sonst erdrückt er die Bläschen.

Obst-Eierstich

Du brauchst dazu:
8 Eier
1 Liter Milch
4 Eßlöffel Zucker
750g Erdbeeren, Kirschen oder Himbeeren (Tiefkühlfrüchte gefroren in die Form) + etwas Fett

Backofen auf 180° vorheizen. Miteinander verquirlen! Zucker, Eier, Milch.

Früchte waschen und entstielen. Auflaufform mit Fett auspinseln (Margarine). Früchte hineinlegen, Eiermilch darübergießen. Saftpfanne mit Wasser füllen, Form hineinstellen, 30 Minuten garen. Garprobe → S. 26

Der Pfannkuchenteig wird knusprig, wenn du ihn mit Wasser quirlst. Mit Milch wird er weich und sanft, mit Backpulver (1 Messerspitze) geht er etwas auf.

Bildhauer in der Küche:

Gebäck zum Anschauen
Zootiere
Verkehrsampeln
Lebensechte Buchenblätter
Nußtorte mit Buchenblättern

Gebäck zum Anschauen

500 g Mehl
200 g Salz
¼ l Wasser

Schütte das Mehl zusammen mit dem Salz in eine große Schüssel. Vermenge beides mit dem Löffel, gib nach und nach das Wasser zu und knete den Teig gut mit der Hand durch. (Achtung: Wenn du einen Kratzer hast, brennt das Salz! Lieber mit heiler Hand arbeiten!)

Streu nun etwas Mehl auf das Backbrett oder auf den Küchentisch, leg den Teig darauf und roll ihn etwa einen halben Zentimeter dick aus. Stich dann mit einem Plätzchenausstecher Formen aus, und wenn die betreffende Figur später aufgehängt werden soll, so bohre gleich noch mit einer Stricknadel oder einem Zahnstocher Löcher zum Aufhängen hinein.

Bestreu dann ein Backblech dünn mit Mehl, leg die Figuren aufs Blech und schieb es auf die mittlere Schiene in den Backofen, den du auf 160° vorgeheizt hast. Laß die Figuren eine Stunde lang trocknen.

Aus diesem Teig kannst du auch Figuren kneten und modellieren: Sie müssen aber immer möglichst flach bleiben, sonst zerbröckeln sie! Arbeitshilfen: Gabel, Stricknadel, Spicknadel. Getrocknete Figuren abkühlen lassen, dann von einer oder von beiden Seiten mit Plakafarben oder Farben aus deinem Tuschkasten bemalen.

Weihnachtsfiguren für den Tannenbaum: Mit den Formen für Weihnachtskekse Herzen, Sterne, Lämmchen, Engel und andere Figuren ausstechen, trocknen lassen und besonders schön bemalen. Dann ziehst du durch die Aufhängelöcher ein Seidenband und hast Weihnachtsschmuck wie keiner sonst.

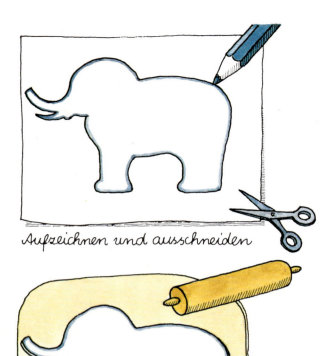

Zootiere
Hierzu brauchst du eine Portion Salzteig von Seite 11.
Zeichne dir Pappschablonen von Elefanten, Giraffen und Zebras, schneide die Schablonen aus, rolle den Salzteig etwa einen halben Zentimeter dick aus, leg die Schablonen darauf, schneid mit einem spitzen Küchenmesser darumherum, laß die Tiere im Backofen trocknen und bemale sie dann so schön wie möglich mit Plaka- oder Tuschkastenfarben. Ständer? Aus Knete oder Fimo.

Aufzeichnen und ausschneiden

Teig ausrollen und ausschneiden — *trocknen lassen, anmalen und aufstellen.*

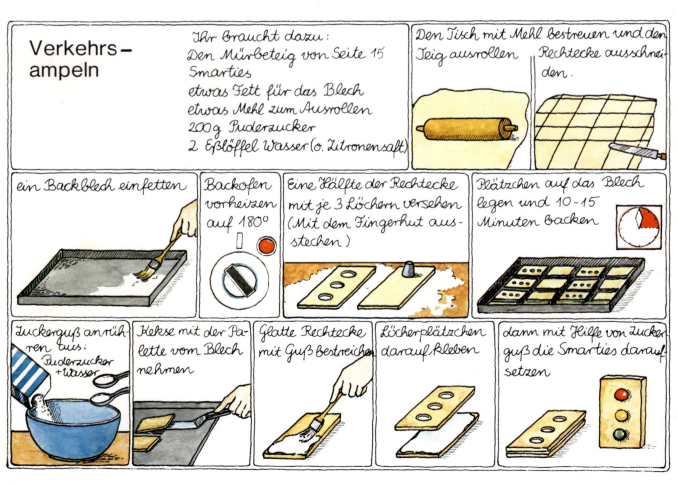

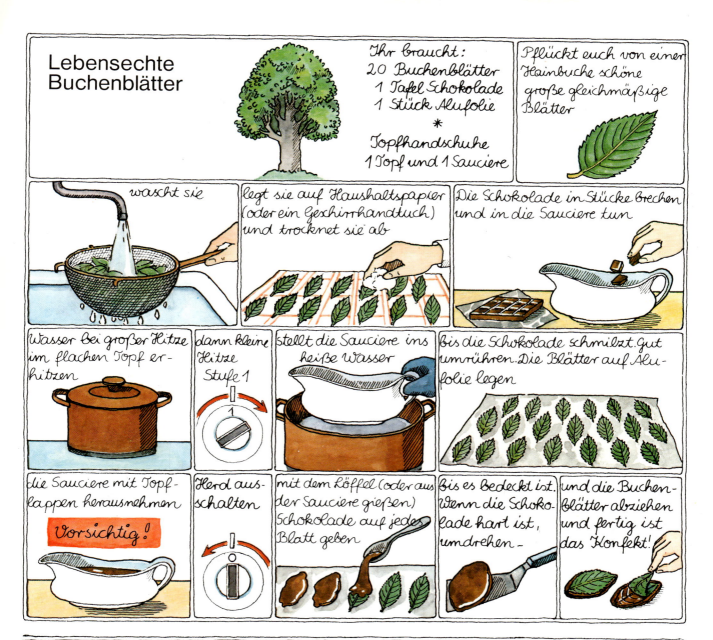

Nußtorte mit lebensechten Buchenblättern

250 g gemahlene Haselnüsse
250 g Zucker, 250 g Grieß
1 Ei, 1 Prise Salz
¼ l Milch, 1 Backpulver
250 g Puderzucker, 2 EL Wasser
20 Schokoladen-Buchenblätter

Verrühre Nüsse, Zucker, Grieß, Salz und Backpulver mit Milch und Ei (erst in eine Tasse schlagen!). Füll den Teig in eine gut ausgefettete Springform und backe ihn 40 Minuten in einem auf 200° vorgeheizten Backofen. Laß ihn abkühlen, nimm ihn aus der Form, verrühre Puderzucker und Wasser und überziehe den Kuchen damit. Fast trocknen lassen, dann mit den Blättern verzieren.

Experimente mit Mehl

Nudelteig   Zuckerguß
Plätzchenteig   Äpfel im Schlafrock
Gefüllte Kekse   Weihnachtsbaum

Mehlkleister:

Füll einen Eßlöffel Mehl in eine kleine Schüssel, gib ein bißchen Wasser dazu und verrühr das Ganze zu einem glatten Brei, schon hast du Mehlkleister, mit dem man beim Basteln Papier auf Papier kleben kann.

> Mehl besteht hauptsächlich aus Stärke, es enthält aber auch den Eiweißstoff Kleber. Dieses Eiweiß quillt schon, wenn du das Mehl mit Flüssigkeit anrührst und gibt selbst dem Mehlbrei Zusammenhalt.

Fingerfarbe:

Tropf in deinen Mehlkleister zwei Tropfen rote, gelbe oder grüne Lebensmittelfarbe und rühr gut um: Schon hast du Fingerfarbe.

Fladenbrot:

Such dir einen großen, flachen und sauberen Stein aus und leg ihn in die Glut, wenn ihr das nächste Mal ein Lagerfeuer macht. Der Stein muß ganz heiß werden: wenn du einen Tropfen Wasser darauf fallen läßt, muß es zischen. Dann knete einen Fladen aus einer Tasse Mehl, 1 Prise Salz, etwas Wasser, schlag den Teig immer wieder auf eine glatte Fläche oder ein Brett, damit er schön geschmeidig wird, roll ihn rund wie einen dicken Pfannkuchen aus und leg ihn auf den heißen Stein. Dreh den Fladen nach einer Viertelstunde um und laß ihn eine weitere Viertelstunde backen. Jetzt hast du das Ur-Brot: heiß und hart.

Nudelteig

Er besteht auch aus Mehl und Wasser, aber es kommt noch ein Ei dazu. Das lockert den Teig.
Du brauchst:
175 g Mehl und etwas Mehl zum Ausrollen
1 Ei, ½ Teelöffel Salz
1/10 l Wasser
Gib das Mehl auf die Tischplatte, mach in der Mitte eine Vertiefung, gib Wasser, Salz und Ei hinein, verrühre etwas Mehl mit einer Gabel und verknete dann alles zu einem Teig, den du von Zeit zu Zeit auf die Tischplatte schlagen kannst. Das macht ihn geschmeidig. Roll den Teig dann so dünn aus, wie du es kannst. Schneid ihn mit einem scharfen Messer in Bandnudelstreifen, laß sie trocknen und koch sie wie Spaghetti in viel Salzwasser: Dabei quillt die Mehlstärke, die Nudeln werden weich und zart.

Plätzchenteig

Für den Plätzchenteig gibt man noch Fett und Zucker dazu: 250 g Mehl, 150 g Butter oder Margarine, 60 g Zucker, 1 Ei oder 1 Eigelb, 2 EL kaltes Wasser, 1 Prise Salz.
Schütte das Mehl aufs Backbrett oder auf eine Tischplatte und mach in der Mitte eine Vertiefung. Verteile das Fett in Flocken auf das Mehl, laß den Zucker in die Vertiefung rieseln und schlag das Ei oder das Eigelb in den Zucker. Gieß das Wasser dazu und streue das Salz darüber. Dann verrührst du mit einem Küchenmesser oder mit einer Küchengabel Eier, Zucker und Wasser, rühr auch ein bißchen Mehl und Fettflocken dazu, bis ein geschmeidiger Brei entsteht. Knete jetzt mit einer Hand den Rest Mehl und Fett durch und füge noch etwas Mehl hinzu, falls es nötig sein sollte. Der Teig ist richtig, wenn er kein Mehl mehr annimmt, wenn du keine Fettflöckchen mehr erkennen kannst, wenn er sich schön geschmeidig anfühlt.
Streu etwas Mehl auf einen Suppenteller, lege deinen Teigkloß darauf, streu noch etwas Mehl darüber und stell ihn in den Kühlschrank, bis du alle anderen Vorbereitungen getroffen und Zutaten zusammengeholt hast. Rezepte mit Plätzchenteig findest du auf den nächsten Seiten.

Ei enthält Fett und Eiweiß, es lockert den Teig und macht ihn geschmeidig. Im heißen Wasser kann die Mehlstärke quellen, und die Nudeln werden zart und weich.

Variationen:
Käse-Nudeln: Die abgetropften Nudeln mit Butterflocken und Reibkäse bestreuen. Du kannst auch noch ein paar gedünstete Zwiebelringe dazugeben. Das schmeckt gut!
Pfeffer-Nudeln: das Ganze kräftig pfeffern!

Das Fett hat den Plätzchenteig mürbe und locker gemacht: Es ist in der Backhitze geschmolzen, hat dabei seinen Wassergehalt verringert; das Wasser hat sich in der Hitze zu Dampf verwandelt und das Gebäck hochgetrieben und gelockert.
Der Zucker macht den Teig zusätzlich mürbe, Teige ohne Zucker bräunen langsamer oder überhaupt nicht so stark. Wenn du einen Teig mit viel Zucker hast, so mußt du die Plätzchen ganz besonders sorgfältig beobachten, weil sie leicht anbrennen.

Weihnachtsbaum

Du brauchst dazu:
den Plätzchenteig von Seite 15
Himbeer- oder Erdbeergelee
Puderzucker
Schere und Papier für die Sternschablonen
Schneide 5 verschieden große Sterne aus Papier aus. Rolle den Plätzchenteig aus, lege die Sterne auf den Teig und schneide sie mit einem Messer aus. (Vielleicht hast du auch verschieden große Sterne als Ausstechformen gefunden?)
Heize den Backofen auf 175° an. Fette ein Blech ein und lege die Sterne darauf. Sie müssen etwa 10 Minuten backen. Laß die Kekse abkühlen, bestreiche sie dünn mit Gelee und klebe sie dann versetzt aufeinander, so daß ein Weihnachtsbaum entsteht. Etwas festdrücken und den fertigen Baum mit Puderzucker bestäuben oder mit Zuckerguß bepinseln. (Zuckerguß siehe Seite 16).

Hier sitzen 2 kleine auf 2 großen Sternen

Experimente mit Obst und Gemüse

Winterobstsalat
Sommerobstsalat
Wenn ihr einen Garten habt
Kohlrabi-Rohkost
Möhren-Rohkost
Kartoffelsalat
Marinade
Tomatensalat
Gurkensalat

Winterobstsalat

Du brauchst dazu:
3 Äpfel
3 Bananen
3 Orangen
3 Eßlöffel Zucker
Saft einer ½ Zitrone
(+ Nüsse, Sahne, Kekse)

Äpfel waschen, schälen, vierteln, entkernen und würfeln. So schneiden: längs, quer. Bananen abziehen, in dünne Scheiben schneiden. Orangen schälen (auch die weiße Haut) und auf einem tiefen Teller (zum Saftauffangen) in dünne Scheiben schneiden. Früchte vermischen und zuckern. Obst, Zucker. Zitronensaft darüber träufeln, zudecken und im Kühlschrank eine Stunde ziehen lassen. Mit Sahne oder Keksen servieren.

lecker mit Nüssen!

Sommerobstsalat

Du brauchst dazu:
250 g Erdbeeren
250 g Johannisbeeren
250 g Himbeeren
3 Eßlöffel Zucker
½ Zitrone (den Saft)

Früchte waschen, gut abtropfen lassen. Erdbeeren zupfen, Johannisbeeren mit der Gabel von den Stielen streichen. Himbeeren, wenn nötig, auch abzupfen. Alle Früchte in einer Schüssel mischen, zuckern und mit Zitronensaft beträufeln, 1 Stunde ziehen lassen. Gut dazu: Sahne

Reifes Obst hat so viel Saft und so zarte Zellwände, daß es roh am besten schmeckt, besonders gut verdaulich ist und kaum Vitamine verliert.
Wasser schwemmt die kostbaren Vitamine aus: Deshalb Obst immer nur schnell unter fließendem Wasser waschen, erst nach dem Waschen zerkleinern, dann sofort zuckern und mit Zitronensaft beträufeln. Das verhindert, daß die Vitamine sich verflüchtigen.
Saftiges Obst (wie Orangen) immer auf einem Teller schneiden, um den Saft zu retten!
Verändern kann man Obstsalate immer nach Marktangebot. Aber: Nie mehr als 3–4 Sorten mischen, sonst schmeckt man gar nichts mehr.
Eventuell mit Vanillezucker oder Zimt würzen!

Warum wird Obst süß und bunt?
Das Licht und die Wärme der Sonne lassen die Früchte wachsen und verwandeln im Laufe des Sommers die Stärke in den Zellen in Zucker. Dabei bekommen die Äpfel rote Backen, die Birnen und Aprikosen werden gelb und die Zwetschgen und Pflaumen blau.

Äpfel trocknen: Lohnt sich, wenn man sie aus Nachbars Garten geschenkt oder billig auf dem Markt bekommt. Äpfel waschen, ausstechen, in Ringe schneiden und auf saubere Schnüre ziehen. In der Herbstsonne oder auf dem Dachboden trocknen lassen. Oder: nebeneinander auf Mulltücher auf den Rost legen und im Backofen (bei etwa 80° C und Klappe, die mit Löffelstiel offen gehalten wird) trocknen. Trockenprobe: 1 Ring durchbrechen; wenn er innen nicht mehr saftig ist, alle Ringe abkühlen lassen und in Leinenbeutel packen.

Wenn ihr einen Garten habt:

oder wenn du jemanden mit einem Apfelbaum kennst: schneid ein Muster oder den Anfangsbuchstaben von deinem Namen in Papier aus (Klebefolie) und kleb ihn im Juli auf einen ausgewachsenen, noch grünen Apfel, der frei von Blättern in der Sonne reifen wird.

Wenn der Apfel reif ist, glänzt im Oktober die Apfelbacke rot, steht das Muster oder der Buchstabe in der Mitte, nachdem du das Papier abgezogen hast.

Kohlrabi-Rohkost

Du brauchst dazu:
- 4–6 Knollen jungen Kohlrabi
- 3 Eßlöffel Öl
- 3 Eßlöffel Senf
- 1 Prise Salz, 1 Prise Pfeffer
- 1/4 l saure Sahne
- 2 Eier
- 1 Bund Dill

zurechtstellen:
Topf zum Eierkochen
Schneidebrett
Küchenmesser
Rohkostraffel
Salatschüssel

Möhren-Rohkost

Du brauchst dazu:
- 500 g Sommermohrrüben
- 4 Eßlöffel Öl
- 1–2 Eßlöffel Zitronensaft
- 1 Prise Salz

Mohrrüben schaben, Spitze und Blatt am Ansatz abschneiden.
Mohrrüben in eine Salatschüssel raspeln, mit den anderen Zutaten würzen und vermischen, zudecken und eine halbe Stunde ziehen lassen.

Junges Gemüse ist noch so zart, saftig und süß wie Obst. Deshalb sollte man es im Sommer oft roh essen. Gemüse ist ebenfalls vitaminreich, deshalb wie Obst nur kurz unter kaltem, fließendem Wasser waschen, erst dann zerschneiden und nie im Wasser liegen lassen!

Salat als Vorspeise: schmeckt gut und sieht hübsch aus, wenn er schon auf Portionstellern angerichtet auf dem Tisch steht. Salat ist gesund, weil Gemüse vitaminreich ist. Weil es wenig Kalorien (Joule) enthält, also nicht dick machen kann, dafür aber satt durch die festen unverdaulichen Bestandteile der Gemüse und Früchte, die man »Zellulose« nennt. Die Zellulose sorgt außerdem für gute Verdauung.

Salat als Hauptgericht: muß satt machen, deshalb ergänzt man das Gemüse durch gekochtes Fleisch (Huhn, Schinken, Wurst usw.), gekochten Reis oder gekochte Nudeln.

Wintersalate: bestehen aus gekochtem Gemüse, Frische gehackte Kräuter dazugeben!

Tomatensalat mit Thunfisch

Tomaten waschen und in Scheiben schneiden. Zwiebeln würfeln, Thunfischdose aufmachen und Öl abgießen. Zwiebeln und Thunfischstücke über die Tomatenschnitten verteilen und mit Marinade übergießen.

Gurkensalat mit Joghurt

Gurke waschen, in Scheiben schneiden. Dill waschen und klein hacken. Marinade mit Dill und etwas Joghurt mischen und die Gurkenscheiben damit übergießen.

Ich lade dich zum Sonntagsfrühstück ein

Kaffee

Die Kaffeekanne heiß ausspülen (siehe Tee) oder in einen niedrigen Topf mit heißem Wasser stellen. Filtertüte mit 50 g gemahlenem Kaffee in den trockenen Filter stellen, 1 Liter Wasser aufkochen lassen, etwas auf den Kaffee gießen und diesen quellen lassen, dann nach und nach den Rest darübergießen.

Tee

Wichtig! Zuallererst Teekanne mit etwas heißem Wasser ausschwenken! (Zum Anwärmen!) Wasser ausgießen, pro Person 1 Teelöffel Tee in die Kanne geben, mit kochendem Wasser auffüllen (pro Person etwa ¼ l), zugedeckt ziehen lassen: Frühstückstee 2–3 Minuten, Abendbrottee 5 Minuten. Tee wirkt umso beruhigender, je länger er zieht. Aber nicht länger als 5 Minuten ziehen lassen, sonst wird er bitter! Also: umfüllen in eine Servierkanne!

Kakao

Warmer Kakao: 2 Teelöffel (gehäuft) schnelllösliches Kakaopulver in eine Tasse geben, warme Milch darübergießen und umrühren. Kalter Kakao: Kalte Milch in ein Glas gießen, 2 gehäufte Teelöffel Pulver dazugeben und umrühren – fertig! Kakao aus Kakao: 1 Teelöffel Kakao und 1–2 Teelöffel Zucker in der Tasse mit etwas Milch verrühren, mit heißer Milch aufgießen und gut umrühren.

Milchmix

½ Banane, 1 Eßlöffel Zitronensaft, 1 Eidotter, 1 Eßlöffel Zucker, ½ l Milch, 1 Prise Zimt. Die Banane mit der Gabel zerquetschen, mit Zitronensaft und dem Dotter verrühren, zuckern, die Milch aufgießen, gut verquirlen, in zwei Becher gießen und mit Zimt bestreuen. Wenn ihr ein Handrührgerät habt: alle Zutaten in einen Krug geben, und alles mit dem Handrührgerät (Schneebesen) schaumig rühren.

Liptauer Käse

250 g Magerquark, 100 g Butter, 1 Teelöffel Paprikapulver edelsüß, 1 Zwiebel, ½ Teelöffel Salz, 1 Messerspitze Pfeffer, nach Belieben etwas gemahlener Kümmel. Quark mit weicher Butter, Gewürzen und fein gewürfelter Zwiebel verrühren, abschmecken, eventuell nachsalzen und den Liptauer Käse in eine Schüssel füllen. Er schmeckt besonders gut auf Schwarzbrot oder Vollkornbrot.

Gezuckerte Grapefruit

Grapefruit in der Mitte durchschneiden, mit einem Grapefruit-Messer (gebogene Spitze und Sägezähne) das Fruchtfleisch ringsherum von der Schale lösen, dann mit einem scharfen Messer in 6 oder 8 Segmente teilen. Jede Hälfte in eine spezielle Grapefruitschüssel oder eine Schüssel legen, die genauso groß wie die Grapefruithälfte ist und jedem Grapefruitesser gleich auf den Frühstücksteller stellen.

Frühstücksmüsli

Pro Person 1–2 Eßlöffel grobe Haferflocken mit 1 Eßlöffel Sahne, 1 Eßlöffel Zucker und 2–3 Eßlöffel Wasser vermischen. Einen großen ungeschälten Apfel in den Teller raspeln, mit einem Eßlöffel Zitronensaft beträufeln, sofort umrühren, damit sich das Obstfleisch nicht verfärbt, und mit den Haferflocken vermischen. Ganz lecker: wenn man zum Schluß noch einen Eßlöffel geriebene Haselnüsse über das Müsli streut. Den Apfel kann man übrigens ganz nach Belieben durch andere Früchte ersetzen.

Fleischpasteten

1 Paket Tiefkühlblätterteig (300 g), 3 Bratwürste, 1 Ei, 2 Eßlöffel Milch. Die fünf Teigscheiben auseinanderlegen und 20 Minuten tauen lassen. Dann jedes Teigstück halbieren und die Ränder mit Wasser bepinseln. Auf jedes Teigstück 1 Eßlöffel Bratwurstbrät (streicht man mit nassen Händen aus der Haut) legen, und den Teig zu einer Tasche zusammenklappen. Die Ränder gut festdrücken, und in die fertigen Taschen mit der Bratengabel ein paar Luftlöcher stechen. Dann Ei und Milch verquirlen, und die Taschen damit bepinseln. Ein Backblech mit kaltem Wasser abspülen und die Taschen darauf legen. In den auf 200° vorgeheizten Ofen schieben, mittlere Schiene, und 25 Minuten backen.

Verrückte Namen

Kröte im Loch
Blindhuhn
Himmel und Erde

Arme Ritter
Errötende Jungfrau
Schwimmende Insel

Kröte im Loch (Würstchen im Pfannkuchenteig)

Du brauchst dazu:
- 200 g Mehl
- 2 Eier
- ½ Liter Milch
- 4–6 Würstchen
- 1 Teelöffel Salz
- Margarine für die Form

Zurechtstellen:
- Handrührgerät oder Schneebesen
- flache Auflaufform
- Backpinsel
- Spick- oder Stricknadel
- Topflappen

Blindhuhn (Gemüse-Eintopf)

Warum diese westfälische Spezialität so heißt, weiß kein Mensch mehr zu sagen. So wird sie zubereitet: 125 g Speck, je 250 g grüne Bohnen, Mohrrüben und Kartoffeln, 2–3 Zwiebeln, 2–3 mürbe Äpfel (auch Boskop), eine Dose weiße Bohnen (500 g), Salz und Pfeffer.

Den Speck würfeln und in einen Schmortopf geben. Die Zwiebeln schälen und in Scheiben schneiden, die Mohrrüben und Kartoffeln schälen und würfeln, die Bohnen waschen und abziehen. Den Speck bei starker Hitze anbraten, Zwiebel-, Kartoffel- und Mohrrüben-

würfel dazugeben, unter ständigem Umrühren anbraten lassen, eine Tasse Wasser dazugeben, mit Salz und Pfeffer und etwas frischem oder getrocknetem Bohnenkraut würzen, zugedeckt zehn Minuten kochen lassen, währenddessen die Bohnen in Stücke brechen, dazugeben, wieder zehn Minuten kochen lassen, in dieser Zeit die Äpfel schälen, vierteln, entkernen und in Würfel schneiden, dazugeben und weitere zehn Minuten auf kleiner Hitze kochen lassen. Wenn die Kochflüssigkeit zu stark verdunstet ist, gießt du etwas Fleischbrühe (Würfel) nach. Jetzt die Dose mit den weißen Bohnen öffnen, die Flüssigkeit abgießen und die weißen Bohnen zum Blindhuhn geben. Umrühren, noch so lange zusammen kochen lassen, bis die weißen Bohnen heiß geworden sind. Dann mit Salz und Pfeffer abschmecken und servieren.

Bei Eintöpfen mit Zutaten, die verschiedene Garzeiten haben, zuerst das in den Topf geben, was am längsten braucht: in unserem Fall Mohrrüben, dann Lauch und Tomaten. Zum Schluß Petersilie.

25

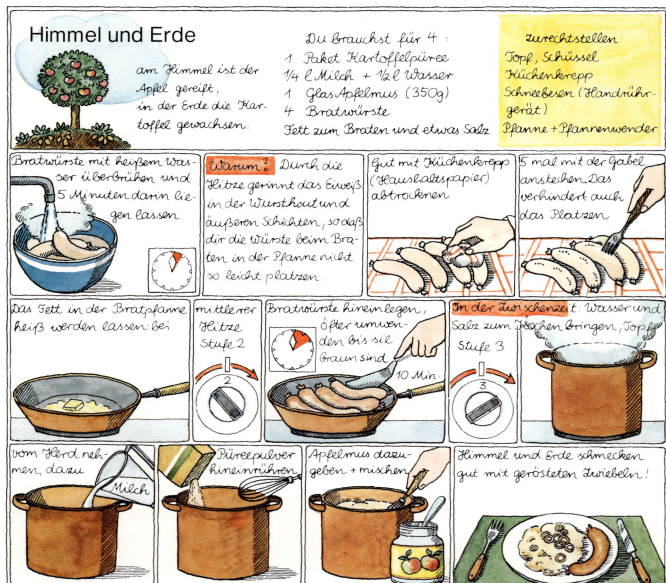

Errötende Jungfrau
(Semmelauflauf mit Sauce)

Ihr Gesicht ist ein knuspriger Semmelauflauf und du läßt es erröten, indem du es mit heißer Himbeersauce übergießt.

- 2 Tassen Semmelbrösel (+1 Eßlöffel)
- 3/8 Liter Milch
- 125g Margarine oder Butter
- 125g weißer oder brauner Zucker
- 3 Eier
- 100g gemahlene Mandeln
- 1 Messerspitze Zimt

zurechtstellen:
Rührschüssel
Kasserolle
Rührbecher, Handrührgerät (Schneebesen, Backpinsel
Teigschaber, hohe Form

Heiße Himbeersauce

Du brauchst dazu:
- 1 Glas Himbeermarmelade
- 2-3 Eßlöffel Wasser oder Saft (Apfelsaft) oder Wein

Den Inhalt von einem Glas Himbeermarmelade in eine kleine Kasserolle tun. 2-3 Eßlöffel Wasser (Saft oder Wein) dazugeben, mit dem Schneebesen gut verrühren und nur solange auf dem Herd lassen, bis die Sauce heiß geworden ist. Über die Jungfrau gießen und das errötende Mädchen zu Tisch tragen. Es wird wie eine Torte aufgeschnitten.

Schwimmende Insel (Pudding mit Sauce)

Ein Schokoladenpudding schwimmt wie eine Insel im Meer aus Sauce.

Du brauchst dazu:
- 1/2 Liter Milch
- 2 Eßlöffel Zucker
- 1 Beutel Schokoladenpuddingpulver
- 1 Prise Salz

Puddingpulver und Zucker mit 3 Eßlöffeln Milch verrühren + Salz

große Hitze Stufe 3

restliche Milch in einer Kasserolle erhitzen

Wenn die Milch kocht, Schokoladenmilch dazu

Herd aus Stufe 0 Elektroherd

gut rühren, 1 Minute aufkochen

Form mit kaltem Wasser ausspülen (in Glasschüssel silbernen Löffel stellen)

so platzt sie nicht beim Einfüllen. Pudding kalt stellen --

In der Zwischenzeit: Sauce zubereiten

Stürzen: Teller auf die Schüssel, mit beiden Händen festhalten

umdrehen und Schüssel abheben

Vanillesaucenpulver besteht aus Stärkemehl und Vanillin-Aroma. Speisestärke wird aus Weizen oder Mais gewonnen und ist in einer Minute aus- und gargequollen. Puddingpulver enthält Stärkemehl und Aromastoffe und hat deshalb eine so kurze Garzeit. Wenn du das Gericht länger kochst, verliert die Stärke ihre Bindekraft wieder und wird flüssig!

Vanillesauce

Du brauchst dazu:
- 1/2 Liter Milch
- 2 Eßlöffel Zucker
- 1 Beutel Vanillesaucenpulver

Gieß die Milch in einen großen Topf. Hitze auf groß schalten (Stufe 3) Saucenpulver mit dem Zucker und 3-4 Eßlöffeln von der Milch in einer Tasse verrühren, oder in einem Schüttelbecher mixen.

Wenn die Milch aufkocht, gießt du diese Mischung auf einmal in die heiße Milch. Wenn du auf einem Elektroherd kochst, so kannst du jetzt die Kochplatte abstellen: Die Nachhitze reicht aus, um die Sauce wieder aufkochen zu lassen.

Die ganze Zeit mit dem Schneebesen gut rühren, damit keine Klümpchen entstehen.

Wenn die Sauce aufkocht, nur noch 1 Minute auf dem Herd lassen, dann ist sie fertig.

Die kalte Vanillesauce als Meer um die Insel gießen.

Ich schenk dir was zum Essen:

Spanisches Marzipan
Aprikosen in Rum
Butterkaramellen
Geflügelleberwurst
Teigleute im Sonntagsstaat

Spanisches Marzipan

Du brauchst dazu:
- 250 g Zucker
- 250 g gemahlene Mandeln
- 2–3 Tropfen Vanillearoma
- 2 Eigelb (→ Eiertrennen Seite 8)
- 1 Eiweiß

zurechtstellen:
Rührschüssel
Holzlöffel
Rührbecher
Schneebesen
Folie

3 Tage vor dem Verschenken zubereiten!

vermisch Zucker und Mandeln

rühr ein Eigelb nach dem anderen darunter

Schlag das Eiweiß steif im Rührbecher

gib es mit dem Vanillearoma zum Teig. Mit dem Holzlöffel umrühren

bis ein zäher Teig entsteht. Leg ihn auf Aluminiumfolie

drück ihn mit feuchten Fingerspitzen flach und rechteckig.

in Folie einwickeln, leg etwas Schweres drauf. Stein / Brett / Marzipan

Nach 2–3 Tagen: schneid das Marzipan in daumengroße Würfel

wälz sie in Kakaopulver und pack sie hübsch ein.

Aprikosen in Rum

Du brauchst ein schönes, großes Glas mit Gummiring und Metallbügelverschluß. Dahinein schichtest du Dosenaprikosen, die du pro Hälfte mit 2–3 Nelken gespickt hast. Dann verrührst du 1/3 Dosensaft mit 2/3 Rum, gießt so viel ins Glas, daß die Früchte bedeckt sind, und verschließt das Gefäß. Eine Woche ziehen lassen, ehe du die Rumaprikosen verschenkst.

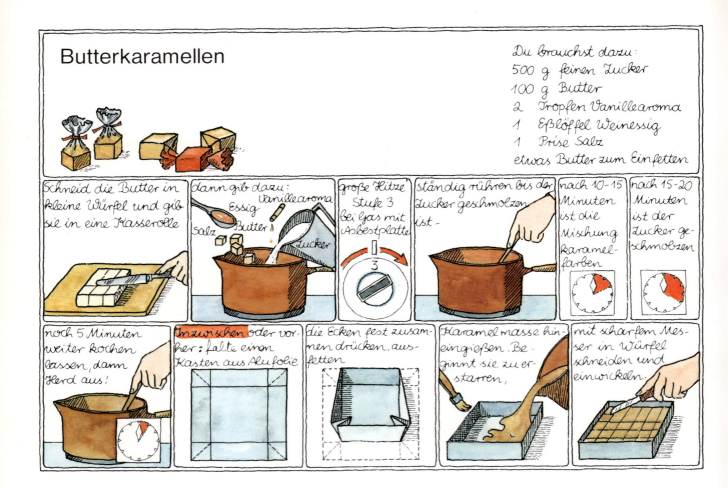

Teigleute im Sonntagsstaat

Schneide dir eine Pappschablone von einem Mann und einer Frau mit schlichten Umrissen aus, knete den Mürbteig von Seite 15 und rolle ihn halbfingerdick aus. Lege dann die Schablonen auf den Teig und fahre mit einem spitzen Messer darum herum. Die Figur vorsichtig aufs gefettete Blech legen und etwa 15 Minuten backen. Mit der Palette vorsichtig vom Blech nehmen, abkühlen lassen und verzieren. Dazu brauchst du Zuckerguß: Ganz dick und fest anrühren, in eine Tüte aus Butterbrotpapier füllen und eine winzige Spitze abschneiden, dann kommt nur eine dünne Zuckergußwurst heraus, mit der du Gesicht, Haare und andere feine Linien richtiggehend schreiben kannst. Zuckerguß nach Belieben mit Speisefarbe bunt färben, den restlichen Zuckerguß etwas dünner rühren, die Röcke und Jacken der Leute damit bepinseln und Liebesperlen, Zuckerplätzchen und andere kunterbunte Dekorationen aufkleben. Papprechtecke in der Größe der Teigleute ausschneiden, mit Alufolie überziehen, die Teigleute darauflegen und das Ganze in Klarsichtfolie wickeln und mit einer Schleife zubinden.

Wir feiern eine Party:

Getränke- Salate Würstchenblech
Kümmel- oder Gefüllte Eier Gefüllte Bratäpfel
Salzstangen Fliegenpilz Belegte Brote

So verwechseln deine Gäste ihre Gläser nicht: Schneide verschiedene, bunte Figuren aus selbstklebender Folie aus und beklebe damit die einzelnen Gläser. Oder stelle lauter Becher auf das Tablett, die mit verschiedenen Zahlen oder Buchstaben beschriftet sind. Nagellack eignet sich dafür gut!

Was ißt man zum Trinken? Wenn du Getränke anbietest, solltest du auch etwas zum Knabbern zurechtstellen: Eine Schüssel mit Kartoffelchips, Erdnüsse oder Salzmandeln, dicke Salamischeiben in Würfel geschnitten, Wiener Würstchen (heiß oder kalt), in 2 cm lange Stücke geschnitten, Butterbrote oder Knabberstangen.

Aprikosenbowle

500 g frische Aprikosen waschen, halbieren und abziehen oder eine Kilo-Dose Aprikosen öffnen und die Früchte herausnehmen. In jedem Fall die Fruchthälften in feine Scheiben schneiden, in einen Bowlentopf geben und mit einer Flasche Apfelsaft übergießen. Zugedeckt 1 Stunde im Kühlen ziehen lassen. Jeder Gast kann sich die Bowle nach Belieben verlängern mit Mineralwasser oder Zitronenlimonade. Beim Ausschenken müssen immer ein paar Fruchtstückchen mit im Glas schwimmen.

Tomatensaft mit Kräutern

Eiswürfel in ein sauberes Küchenhandtuch geben und mit dem Fleischhammer zerschlagen, in jedes Glas ungefähr zwei Finger hoch zerschlagenes Eis füllen, mit Tomatensaft auffüllen und diesen mit reichlich Zitronensaft, Salz, Pfeffer, 1 Spritzer Tomatenketchup und feingeschnittenem Schnittlauch würzen.

Zitroneneiswürfel

Saft von drei Zitronen und 1–2 Orangen mit 4 Eßlöffeln Wasser verquirlen und im Eisfach zu Würfeln gefrieren lassen. Diese Eiswürfel passen gut in alle Saftgetränke.

Karamelmilch

Gib 2 Eßlöffel Butter in einen Topf, laß sie auf Mittelhitze zergehen, schütte 100 g Zucker hinzu und rühre mit dem Kochlöffel, bis sich der Zucker gelöst hat und goldfarben ist. Gieß dann eine Tasse heißes Wasser hinzu, damit sich der Zucker auflöst, und dann 1 l Milch. Aufkochen lassen, einen halben Teelöffel Zimt hineinverquirlen, heiß in Becher gießen und mit einem Eßlöffel Schlagsahne krönen.

Schokomilch

Gib eine Tafel zerbröckelte Milchschokolade in einen Topf, laß sie bei ganz schwacher Hitze zergehen, verrühre sie mit dem Schneebesen mit etwas Sahne, gieße nach und nach 1 l Milch dazu, würze mit 2 Beuteln Vanillezucker und 1 Prise löslichem Pulverkaffee, laß die Milch aufkochen und gieß die Schokolade heiß oder kalt in Becher. Dazu: Schlagsahne oder Vanille-Eiskugeln.

Zitronentee

Gib vier Teelöffel Pfefferminztee in eine Kanne, gieß ¾ l kochendes Wasser auf, zuckre ihn kräftig, deck ihn zu und laß ihn abkühlen. Gieß ihn dann durch ein Sieb in einen Krug, stell ihn eiskalt; gib in vier hohe Gläser je eine Scheibe Zitrone, eine Zitroneneiskugel und einen Trinkhalm und verteil den Tee gleichmäßig in diese Gläser.

Kümmel- oder Salzstangen

Du brauchst dazu:
Tiefkühlblätterteig
1 Eigelb
etwas Milch
Kümmel, Salz oder Mohn zum Bestreuen

Laß den Blätterteig nach Vorschrift tauen und schneide dann jedes Teigblatt quer in fingerbreite Streifen. Verquirle das Eigelb mit etwas Milch und bepinsle die Teigstreifen mit dieser Mischung. Bestreue die Hälfte der Stangen mit Kümmel, die andere Hälfte mit Salz oder Mohn.
Die Streifen werden – glatt oder zu Spiralen gedreht – auf ein mit Wasser abgespültes Blech gelegt und 10 Minuten lang in einem auf 200° vorgeheizten Ofen gebacken. Paß gut auf, Blätterteig wird schnell zu dunkel!

Für das kalte Buffet

Erbsen-Mais-Reis-Salat
Tomaten-Eier-Nudel-Salat
Sellerie-Apfel-Gurken-Salat
Kräuterbrot

Erbsen-Mais-Reis-Salat

Du brauchst dazu:
1 kl. Dose Erbsen (500 g)
1 kl. Dose Mais (350 g)
1 Tasse Reis, gekocht
250 g Krabbenfleisch
Salz, Pfeffer, Zucker, Dill, Mayonnaise

Erbsen und Maiskörner aus Dosen (Gemüsesaft abgießen!), gekochten Reis und Krabben mischen, mit Salz, Pfeffer, 1 Prise Zucker und feingehacktem Dill würzen und mit etwas Mayonnaise mischen.

Sellerie-Apfel-Gurken-Salat

Du brauchst dazu:
500 g Sellerie-Scheiben aus der Dose
2 bis 3 Äpfel
3 Gewürzgurken
1 Zwiebel
300 bis 500 g Kasseler oder gekochten Schinken oder Würstchen
Salz, Pfeffer, Mayonnaise
Sellerie-Scheiben würfeln, Äpfel würfeln, eine Gewürzgurke sehr klein würfeln, Fleisch würfeln, Zwiebel würfeln. Alles miteinander vermischen, mit Salz und Pfeffer würzen und Mayonnaise darunterrühren.

Tomaten-Eier-Nudel-Salat

Du brauchst dazu:
500 g Tomaten
10 gekochte Eier
250 g gekochte Spiralnudeln
Salz, Pfeffer, Paprika edelsüß
Petersilie und Mayonnaise
Die Tomaten achteln, die Eier würfeln und mit den Nudeln vermischen. Mit Salz, Pfeffer und Paprika würzen und die Mayonnaise darunterrühren, die vorher mit gehackter Petersilie vermischt wurde.

Kräuterbrot

Du brauchst dazu:
2 Dosen Frischteig (Hörnchen oder Bauernbrötchen)
1 Bund Petersilie, 2 Bund Schnittlauch
2 Bund Dill, Oregano, Thymian
Backofen auf 180°C vorheizen, die Teigstreifen nebeneinander zum Rechteck legen, feingewiegte Kräuter darauf streuen. Den Teig von der schmalen Seite her vorsichtig aufrollen, in eine ausgefettete Kastenform legen und oben einmal längs mit einem scharfen Messer einschneiden. 30 bis 40 Minuten backen.

Gefüllte Eier

Du brauchst dazu:
- 6 Eier
- 1 Eßlöffel Tomatenketchup
- 3-4 Eßlöffel Mayonnaise
- 3 Tropfen Tabasco (sehr scharf)
- Salz und Pfeffer
- Salatblätter, Tomaten, Oliven zum Dekorieren

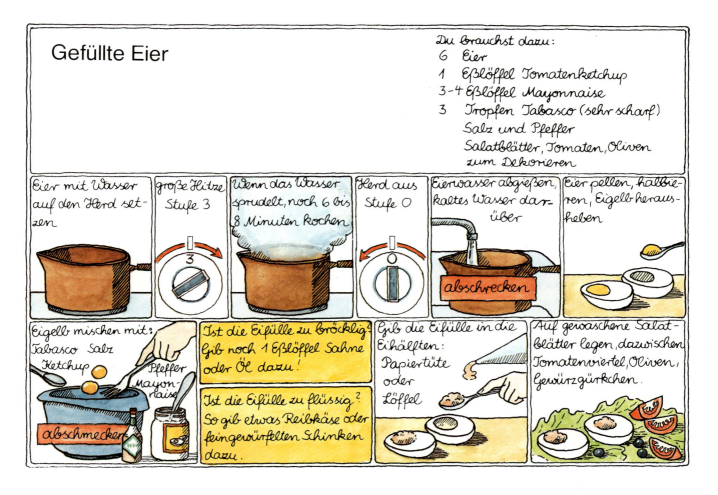

Fliegenpilz

Du brauchst dazu:
- feste Tomaten
- Mayonnaise in der Tube
- hartgekochte Eier
- Salatblätter

Es passen dazu Kartoffelsalat oder Brot, Kräcker oder Knäckebrot, Weißbrot vorher im Ofen heißmachen, das ist besonders lecker! Gurken fächerig schneiden.

Gurken-Fächer

Gurken der Länge nach einschneiden (Küchenmesser) und auseinanderziehen. Brote und Salate damit verschönern.

Du sparst Zeit, wenn du das Brot für Partyhappen nicht wie sonst in Scheiben schneidest, sondern mit einem scharfen Messer so, wie du es auf dem Bild siehst.

Diese großen Querscheiben kann man im Handumdrehen bestreichen und belegen und schneidet sie dann erst in Stücke.

Die schnellsten Butterbrote der Welt

Du brauchst dazu:
ein Kastenbrot,
Butter oder Margarine,
Käse, Tomaten, Zwiebeln,
Wurstaufschnitt,
Salatblätter zum Verzieren,
Gurkenscheiben,
Leberwurst,
Eier, Schnittlauch
und was sonst gerade an
Verzierungsbeiwerk in der
Küche vorrätig ist

Schneide ein Kastenbrot nicht quer, sondern längs in Scheiben, bestreiche und belege die Riesenscheiben und schneide sie dann in kleine Stücke.

Am Lagerfeuer:

Würstchen grillen Hacksteaks Saucen
Silberkartoffeln   Schweins-   Grillbau und
Bananen grillen   rippchen   Lagerfeuer

Würstchen grillen

Die Würstchen auf beiden Seiten mit kleinen Schnitten versehen, damit sie sich beim Grillen nicht in die falsche Richtung wölben.
Vor dem Grillen noch mit Öl oder Grillsauce (Fertigsauce oder Sauce von Seite 40) bepinseln.

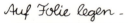

Silberkartoffeln

Gleichmäßig große Kartoffeln waschen, die Schale etwas abbürsten, dann in Salz und Kümmel wälzen und in Alufolie einwickeln.
Kartoffeln in die Holzkohlenglut legen und mindestens 40 Minuten backen lassen.
Ein kleiner Trick: Wenn ihr in jede Kartoffel einen Eisennagel steckt, verteilt er die Hitze besser, und Sommerkartoffeln sind schon nach 30 Minuten gar. Achtung! Nagel vor dem Essen entfernen!

Bananen grillen

Bananen sind bereits »verpackt«. Ihr legt sie so, wie sie sind, auf den Grillrost.
Wenn die Schale dunkel ist, kommt die Banane auf den Teller, die Schale wird oben aufgerissen, das Bananenfleisch mit Zimt, Zucker oder Honig beträufelt und direkt aus der Schale gelöffelt.

Ein Picknick am Lagerfeuer macht Spaß, aber ihr dürft niemals ein offenes Feuer im Wald anzünden! Grundregel fürs Grillen am offenen Feuer: Was schnell gar ist, kann man in den Flammen rösten. Was eine längere Garzeit hat, muß in der Glut gebacken werden.

Stockbrötchen

Bitte deine Mutter um einen Hefeteig aus 500 g Mehl. Streu etwas Mehl auf den Tisch. Teil den Teig in Stücke, so groß wie ein halbes Brötchen. roll jedes Stück zu einer Wurst

spitz saubere Holzstecken an

wickel den Teig wie eine Schnecke um die Stockspitze

außen etwas einölen — über der Glut so lange drehen

bis das Brötchen gar ist. Vom Stock abziehen und in die Höhlung Honig oder Marmelade füllen.

Gegrillte Schweinsrippchen

Dazu brauchst du: pro Person 500 g Schweinsrippchen (heißen auch Schälrippchen oder Spareribs), Grillsauce, Öl
Laß die Rippchen vom Metzger auseinanderschneiden. Öle sie ein, grille sie auf jeder Seite 5 Minuten, bepinsele sie dann vorsichtig mit Grillsauce und grille sie nochmals 5 Minuten auf beiden Seiten. Man nimmt die Rippchen in die Hand (mit Serviette!) und nagt das Fleisch ab.

Grillsauce

Dazu brauchst du: 8 Eßlöffel Tomatenketchup, 1 Eßlöffel Senf, 2 Eßlöffel braunen Zucker, 1 Prise Oregano, Salz, Pfeffer, Zucker
Verrühr Ketchup, Senf und Zucker, fein zerriebenes Kraut und Gewürze und bepinsele Hacksteaks, Würstchen oder Schweineschnitzel vor dem und beim Grillen damit.

Gegrillte Apfelringe

Dazu brauchst du:
pro Person ½ großen Apfel.
Ausstechen, in fingerdicke Scheiben schneiden, von beiden Seiten weich grillen.

Preiselbeersauce

Dazu brauchst du: 250 g Preiselbeerkompott, gut abgetropft, 1 Eßlöffel süßen und 1 Eßlöffel scharfen Senf, 1 Eßlöffel Öl, 1 Prise Salz
Alles gut verrühren und eine Stunde durchziehen lassen. Die Sauce schmeckt gut zu Hacksteaks und Rindersteaks.

Currysauce

Dazu brauchst du: 150 g Mayonnaise, 3 Eßlöffel Sahne, 1 Apfel, 1 Zwiebel, Zitronensaft, 1 Teelöffel Currypulver, Salz, Zucker
Mayonnaise mit Sahne glattrühren, Apfel und Zwiebel schälen und dazu raspeln, mit den anderen Zutaten nach Belieben abschmecken. Gut zu Schweinesteaks und Fischstäbchen.

Chutneysauce (spricht man „Tschötni")

Dazu brauchst du: 1 Apfel, 2 Zwiebeln, 100 g Mayonnaise, 4 Eßlöffel Mango Chutney, Salz, Pfeffer, Zucker
Den Apfel und die Zwiebeln schälen und raspeln, mit Mayonnaise und Chutney verrühren und abschmecken. Das paßt gut zu Hühnerfleisch, Bratwürstchen und Fischen.

So baut ihr eine Feuerstelle

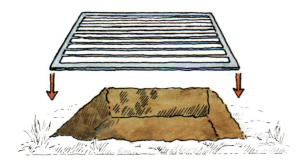

Auf der Wiese
Grabt ein handtiefes Loch in die Erde, füllt es mit Holzkohlenglut (Laßt euch dabei von einem Erwachsenen helfen) und legt einen Grillrost aus dem Backofen darauf. Auf diesem Feuer kann man Würstchen, kleine Steaks und Frikadellen grillen.

Im Garten
Wer öfter grillt, kann sich im Garten einen Grill aus Ziegelsteinen bauen. Die Ritzen zwischen den Ziegelsteinen sorgen für guten Zug, und wenn ihr irgendwo einen eisernen Grill auftreibt, könnt ihr auch Fleischscheiben grillen.

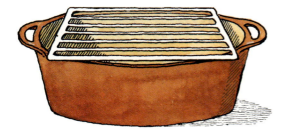

Auf dem Balkon
Man stellt einen alten, großen, gußeisernen Topf auf den Balkon, füllt ihn mit Holzkohlenglut und legt einen kleinen Rost, zum Beispiel aus dem Grillapparat, darauf und kann auf diese Weise wunderbar grillen.

ein Tor für den Wind offenlassen

Am Strand
Sammelt mittelgroße Steine und legt sie zu einem Kreis. Sucht nun trockenes Holz und schichtet es kreuzweise übereinander, so daß Luft dazwischenkommt.
Zusammengeknülltes Papier zwischen die Scheite stecken und anzünden.
Fleisch auf einen Ast spießen und über das Feuer halten, bis es gebräunt ist.
Hinterher mit Sand und Wasser das Feuer löschen.

Inhalt

Das braucht ihr zum Kochen und Backen	2
Küchen ABC	3
Das müßt ihr vor und bei dem Kochen tun	4
Das kann jeder	5
Allerlei aus Ei	8
Bildhauer in der Küche	11
Experimente mit Mehl	14
Experimente mit Obst und Gemüse	18
Ich lade dich zum Sonntagsfrühstück ein	22
Verrückte Namen	24
Ich schenk dir was zum Essen	29
Wir feiern eine Party	32
Am Lagerfeuer	38